Inhalt

Investitionsstandort Ausland

Kernthesen

Beitrag

Fallbeispiele

Weiterführende Literatur

Impressum

Investitionsstandort Ausland

M.Sydow

Kernthesen

- Der Standort Deutschland verliert für Unternehmen an Attraktivität. (11), (14), (15)
- Speziell das benachbarte europäische Ausland versucht mit niedrigen Steuern und weiteren Vergünstigungen die Big Player und auch den Mittelstand an sich zu ziehen. (5), (7), (8), (17)
- Der Standort Ausland birgt allerdings auch Risiken: Politische Krisen, Wechselkursschwankungen, Vermögensenteignungen etc. (18)

Beitrag

Eine Investition im Ausland spielt in der strategischen Planung eines Unternehmens zunehmend eine wichtige Rolle. Globalisierung und die zunehmende Liberalisierung internationalen Handels sind die Basis für den Aufbau internationaler Kontakte, welche teilweise den Grundstein für eine Erweiterung des Betriebes legen. Im Folgenden soll daher aus der Sicht des Standortes Deutschland die Investition im Ausland betrachtet werden.

Arten von Auslandsinvestitionen

Eine Auslandsinvestition ist generell gekennzeichnet durch den Kapitalexport von Wirtschaftssubjekten eines Landes in ein anderes Land. In diesem Zusammenhang werden Direktinvestitionen betrachtet. Im Gegensatz zu Portfolio-Investitionen, die an erster Stelle der Geldanlage dienen. Formen der Direktinvestition können der Erwerb von Immobilien, die Errichtung von Betriebsstätten oder Tochterunternehmen sowie der Kauf von oder die Beteiligung an ausländischen Unternehmen sein. (7), (14)

Strategische Ziele für den Aufbau eines Standortes im Ausland

Die unternehmerische Standortwahl unterscheidet drei mögliche Determinanten. Einerseits können Standortvorteile Grund einer Direktinvestition im Ausland sein. Darunter können Steuervorteile, günstige Lohnverhältnisse, gute Infrastruktur, Abweichungen in wettbewerbsrechtlichen Vorschriften, Unterschiede in Umweltschutzrichtlinien, Wegfall von Handelshemmnissen sowie Nähe zum Absatzmarkt subsumiert werden. Andererseits können auch Eigentumsvorteile Bestimmungsgrund einer Direktinvestition sein. Hier sei zum Beispiel an den Erwerb von Know-how gedacht. Schließlich stellen Internalisierungsvorteile eine weitere Ursache für eine Direktinvestition dar. Dieser Fall tritt allerdings nur ein, wenn ein Unternehmen seine Produkte am Standort nicht durch Lizenzvergabe oder andere Kooperationsformen vermarkten kann. In diesem Fall ist die Gründung einer Tochtergesellschaft oder die Übernahme eines ortsansässigen Unternehmens ratsam. (8), (15)

Unternehmenssteuerreform in Deutschland

Auslandsgesellschaften konnten durch die Unternehmenssteuerreform profitieren. Das Halbeinkünfteverfahren fördert Auslandsinvestitionen. Die Förderung fällt umso größer aus, je niedriger die steuerliche Vorbelastung im Ausland ist. Freilich besteht die Gefahr, dass Gesellschaften in Ländern mit niedriger Besteuerung von Seiten des Finanzamts als Briefkastengesellschaften eingestuft werden. Dieser Vorwurf ist in den meisten Fällen aber schwer aufrecht zu halten, da die Rechtsprechung zu diesem Thema sehr differenziert ist und häufig eine angemessene Personal- und Sachausstattung vorhanden ist. (3)

Einige ausgewählte Investitionsstandorte

Holland

Gerade Konzernzentralen sind häufig in Holland

ansässig. Dies ist begründet durch die im Vergleich zu Deutschland niedrigere Besteuerung, eine geringe Arbeitslosigkeit (beispielweise im Januar 2003 von 3,4 Prozent) und die hervorragende Infrastruktur. Letzteres wird unterstützt durch den drittgrößten Flughafen der Welt in Amsterdam und den weltgrößten Hafen in Rotterdam. Zudem fällt für deutsche Investoren das Währungsrisiko weg. (5)

Indien

Der Standort Indien ist in vielerlei Hinsicht attraktiv. Exportorientierte Unternehmen, die in den indischen Markt streben, können zehn Jahre lang von Steuerzahlungen befreit werden. Im Konsumgüterbereich gibt es keine Importrestriktionen und Indien als Absatzmarkt ist nicht zu unterschätzen. Bei einer Milliarde Einwohnern wird von mehr als 30 Millionen wohlhabenden bis sehr reichen Haushalten ausgegangen. Überdies bieten teilweise auch lokale Banken Finanzierungen für ein Indien-Engagement. (4)

Iran

Der Investitionsstandort Iran ist trotz seiner Nähe zum Krisenherd Irak noch im Gespräch. Gerade die europäische Automobilbranche, so zum Beispiel Fiat, Peugeot und Volkswagen, steht in Verhandlungen mit der Hauptstadt Teheran. Vor allem das Investitionsschutzgesetz und die zukünftige Aufhebung von Importbeschränkungen steigern den Anreiz für Direktinvestitionen. Aber auch die Absatzchancen im Automobilsektor sind groß. Fast zwei Millionen Kraftfahrzeuge sind mehr als 20 Jahre alt. Durch den über Parlament und Regierung stehenden Wächterrat, welcher die islamischen Werte beschützt, ist allerdings mit Einschränkungen bei der Entwicklung von Handel und Industrie zu rechnen. (6)

Irland

Die Republik Irland will ihre Attraktivität für Produktions-, Handels- und Dienstleistungsunternehmen steigern. Seit dem 1. Januar 2003 wurde daher der Körperschaftssteuersatz auf 12,5 Prozent gesenkt. Eine Gewerbesteuer wie in Deutschland existiert nicht. Zudem sind die Einwanderungs- und Einbürgerungsbestimmungen des Landes liberal gestaltet. Falls notwendig kann so auch Personal aus dem Ausland angeworben werden.

Außerdem gestattet das deutsch-irische Doppelbesteuerungsabkommen (DBA) einen Steuerbonus bei der Ausschüttung von Dividenden an deutsche Anteilseigner. Einziger Nachteil: Irland ist im Sinne des Außensteuergesetzes (AStG) ein Niedrigsteuerland. Dementsprechend sind die Einkünfte mehrheitlich von Steuerinländern beherrschter Gesellschaften in Irland im Falle von schädlichen oder auch passiven Einkünften von der Hinzurechnungsbesteuerung abhängig. Dies gilt allerdings nicht für Einkünfte aus der Herstellung, Verarbeitung, Bearbeitung oder Montage von Sachen. Das Problem der Hinzurechnungsbesteuerung ist jedoch auch für den Handel und die Erbringung von Dienstleistungen beherrschbar, sofern sich die Geschäftstätigkeit des Unternehmens auf Europa beschränkt. (1)

Kanada

Kanadas Qualitäten als Investitions- und speziell Fertigungsstandort sind noch nicht hinreichend bekannt. Dabei bietet Kanada ein sehr investorenfreundliches Klima. Speziell die Provinz Ontario, welche in ihrer Fiskalpolitik wie auch die anderen Provinzen Autonomie genießt, bietet zahlreiche Vorteile. Die Unternehmenssteuern und

Sozialbeiträge sind auf einem niedrigen Niveau. Die Ausbildung der Arbeitskräfte ist hoch. Zudem ist der Ruf der Universitäten und Hochschulen des Landes erstklassig. Weiterhin hat sich die Maschinenbau-, Autoteile- und Zulieferindustrie im Süden Ontarios angesiedelt. Damit stehen sie in nächster Nähe zu den Automobilbundesstaaten der USA. Die Mitgliedschaft Kanadas in der Nordamerikanischen Freihandelszone (NAFTA) bringt in diesem Zusammenhang zusätzliche Vorteile. Voraussetzung ist jedoch eine Wertschöpfung der kanadischen Produktionsstätte von mehr als 50 Prozent des Warenwertes. (2)

Schweiz

Gerade aus steuerlicher Sicht bietet der Standort Schweiz enorme Vorteile. Zug hat beispielsweise einen Höchststeuersatz von 16,3 Prozent. Unternehmen (so genannte gemischte Gesellschaften), die 80 Prozent ihres Umsatzes im Ausland generieren, sind sogar nur zu zehn Prozent steuerpflichtig. Diese niedrigen Steuersätze sind durch das System der privaten Vorsorge tragfähig; begründet ist dies in einem anderen Staatsverständnis. Ein weiterer Vorteil für Unternehmen ist das Schweizer Arbeitsrecht. Im

Vergleich zu Deutschland bietet es weniger Kündigungsschutz für Arbeitnehmer, weniger Urlaubstage und längere Arbeitszeiten. (7)

Ausfälle und ungewollte Abschreibungen

Neben den bereits beschriebenen Vorteilen einer Auslandsinvestition sind auch die negativen Seiten nicht zu vergessen. Politische Risiken können den Return on Investment erheblich beeinträchtigen. Derartige Risiken sollen durch Investitionsschutzabkommen gemindert werden. Diese Abkommen garantieren dem Investor aus dem Ausland im Falle der Enteignung von Vermögensteilen Entschädigungszahlungen. Alternativ können privatwirtschaftliche Investoren durch die deutsche Hermes-Kreditversichrungs-AG abgesichert werden. Schließlich bietet auch die der Weltbankgruppe zugehörige Multilateral Investment Guarantee Agency (MIGA) Schutz bei Direktinvestitionen in Entwicklungsländern. Falls diese Hilfestellungen nicht mehr greifen, bleibt nur noch die Abschreibung des Investitionsobjektes. (18)

Fallbeispiele

Der Automobilhersteller BMW expandiert nach China. Noch Ende 2003 soll der Startschuss für die Produktion der Dreier- und der Fünferreihe fallen. Der Konzern geht von 500 000 Chinesen potentieller Käuferschaft aus. Die Produktion erfolgt in Shenyang. Formal ist BMW in einem Joint Venture mit dem chinesischen Unternehmen Brillance China Automotive Holdings Limited vertreten, von dem 30 Prozent in Staatsbesitz liegen. (12)

Die Baumarktkette Obi hat bereits vier Baumärkte in China aufgebaut. Bereits nach einem Jahr konnten sie Gewinne erwirtschaften. Dabei geht man davon aus, dass die gesamte chinesische Bevölkerung mit 1,3 Milliarden Einwohnern zwischen 300 und 400 Millionen potentielle Konsumenten beinhaltet. Im Unterschied zu Deutschland ist der chinesische Konsument jedoch kein Käufer, der die im Baumarkt erworbenen Artikel selbst installiert. Daher wird die Dienstleistung des Einbaus gleichzeitig mit verkauft, so dass der Kunde nicht nach dem Do-it-yourself, sondern nach dem Buy-it-yourself Prinzip vorgehen kann. In den nächsten zehn Jahren sollen in China noch weitere 100 Baumärkte eröffnet werden. Länder wie Indien, Korea oder Vietnam sind in einigen Jahren potentielle Märkte. (10)

Der Auto-Dienstleister Dekra expandiert im Süden der USA. In Texas existieren bereits drei Prüfstationen und in den angrenzenden Bundesstaaten sollen noch weitere folgen. Haupt- und Abgasuntersuchungen haben noch nicht den Standard Deutschlands erreicht und stellen daher einen Wachstumsmarkt für den Konzern dar. Indien und China werden ebenfalls sondiert. Europa hingegen bleibt der Kernmarkt für den Dekra-Konzern. Ziel ist es in allen Ländern vertreten zu sein. Es gibt allerdings auch Problemkinder, so zum Beispiel Polen. Von anfangs 40 bis 50 geplanten Prüfstationen wurden bisher nur zwei realisiert, da sich der Markt anders als erwartet entwickelt hat.

Die Hochtief AG hat ihre Bauaktivitäten mehrheitlich ins Ausland verlagert. Nur noch 16 Prozent der Bauleistung werden in Deutschland erbracht (siehe Statistik). Weitere Zukäufe schließt der Konzern im Moment jedoch weitestgehend aus. Die Früchte der Investitionen sollen jetzt erst einmal geerntet werden. Speziell die Tochtergesellschaften in den USA, Asien und Australien waren sehr profitabel. (16)

Die Flughafenbetreibergesellschaft Fraport muss aufgrund von Unstimmigkeiten mit der philippinischen Regierung den Bau eines Passagierterminals am Flughafen Manila mit 293 Millionen Euro abschreiben. Für 2002 rechnet der

Konzern daher mit einem Verlust von 120 Millionen Euro. Einzelprojekte dieser finanziellen Größenordnung kommen laut Aussage der Unternehmensleitung in Zukunft nicht mehr in Frage. (18)

Weiterführende Literatur

(1) Irischer Frühling: Steuern gesenkt
aus Consultant Steuern - Wirtschaft - Finanzen, Heft 04/2003, S. 34

(2) Kanada - das unbekannte Amerika - Investitionsstandort Ontario: Markt und Fertigungsstandort mit Zukunft
aus fertigung, Heft 3-4/2003, S. 70-71

(3) Domizil-, Basis- oder Briefkastengesellschaften
aus Betrieb und Wirtschaft, Heft 6/2003, S. 228-230

(4) Abenteuerliche Begegnungen
aus Consultant Steuern - Wirtschaft - Finanzen, Heft 04/2003, S. 70

(5) Witt, Martin, Geschlossene Immobilienfonds setzen auf gute Perspektiven, Holland bleibt erste Wahl, Welt am Sonntag, 20.04.2003, S. 39
aus Consultant Steuern - Wirtschaft - Finanzen, Heft 04/2003, S. 70

(6) Liberalisierung lockt Investoren - VW, Peugeot

und Fiat sondieren Chancen für Werke - Amerikaner zurückhaltend - Daimler-Chrysler legt Projekt auf Eis
Trotz politischer Spannungen drängen Europäer auf den iranischen Markt
aus Die Welt, Jg. 58, 15.04.2003, Nr. 89, S. 12

(7) Kempf, Andreas, Zug hat mehr zu bieten als nur Postkartenidylle, Das Interesse für den Standort Schweiz nimmt deutlich zu, Stuttgarter Zeitung, 30.04.2003, S. 15
aus Die Welt, Jg. 58, 15.04.2003, Nr. 89, S. 12

(8) Blum, Adrian, Verlagert der deutsche Halbleiterkonzern Infineon seinen Hauptsitz in die Schweiz? Entscheidung soll im Herbst fallen, Finanz und Wirtschaft, 30.04.2003, S. 35
aus Die Welt, Jg. 58, 15.04.2003, Nr. 89, S. 12

(9) Nachtflugverbot Post-Chef droht mit Abwanderung
aus Frankfurter Rundschau v. 11.04.2003, S.30, Ausgabe: R Region

(10) "Wir holen die Frauen in die Baumärkte"
aus Frankfurter Allgemeine Sonntagszeitung, 06.04.2003, Nr. 14, S. 33

(11) Autovermieter Sixt erwägt Verlagerungen ins Ausland
aus Die Welt, Jg. 58, 31.03.2003, Nr. 76, S. 14

(12) BMW geht nach China, Partnerschaft mit

einheimischem Partner / Produktion startet noch 2003, Süddeutsche Zeitung, 15.03.2003, S. 28
aus Die Welt, Jg. 58, 31.03.2003, Nr. 76, S. 14

(13) Meister, U., Kapriolen und Gnadenfrist in Spanien, Neue Zürcher Zeitung, 07.03.2003, S. 94
aus Die Welt, Jg. 58, 31.03.2003, Nr. 76, S. 14

(14) Heller, Michael, Industrie produziert mehr im Ausland, Weltweites Engagement stärkt Wettbewerbsfähigkeit - Betriebe wollen Kosten senken, Stuttgarter Zeitung, 19.04.2003, S. 14
aus Die Welt, Jg. 58, 31.03.2003, Nr. 76, S. 14

(15) Immer mehr Unternehmen erwägen Verlagerung der Produktion ins Ausland - Einige kommen zurück Furcht vor Abwanderung in der Metallbranche
aus Die Welt, Jg. 54, 13.03.2003, Nr. 61, S. 37

(16) Hochtief will die Früchte der Auslandsexpansion ernten
aus Frankfurter Allgemeine Zeitung, 11.04.2003, Nr. 86, S. 18

(17) Darf Infineon ins Ausland gehen? Dresdner Politiker erinnert Chip-Konzern an die Hilfen vom Staat, Süddeutsche Zeitung, 07.04.2003, S. 23
aus Frankfurter Allgemeine Zeitung, 11.04.2003, Nr. 86, S. 18

(18) Manila-Projekt reißt Fraport in die roten Zahlen Flughafenbetreiber schreibt 293 Mio. EuroEuro auf

Terminal ab
aus FTD Financial Times Deutschland vom 26.03.2003,
Seite 16

Impressum

Investitionsstandort Ausland

Bibliografische Information der deutschen Nationalbibliothek

Die Deutsche Nationalbibliothek verzeichnet diese Publikation in der deutschen Nationalbibliografie; detaillierte bibliografische Daten sind im Internet über http://dnb.d-nb.de abrufbar.

ISBN: 978-3-7379-1182-5

© 2015 GBI-Genios Deutsche Wirtschaftsdatenbank GmbH, Freischützstraße 96, 81927 München, www.genios.de

Alle Rechte vorbehalten. Dieses Werk ist einschließlich aller seiner Teile – z.B. Texte, Tabellen und Grafiken - urheberrechtlich geschützt. Jede Verwertung außerhalb der Grenzen des Urheberrechtsgesetzes bedarf der vorherigen Zustimmung des Verlags. Dies gilt insbesondere auch für auszugsweise Nachdrucke, fotomechanische Vervielfältigungen (Fotokopie/Mikroskopie), Übersetzungen, Auswertungen durch Datenbanken oder ähnliche Einrichtungen und die Einspeicherung und Verarbeitung in elektronischen Systemen.